# TENDRE VIOLETTE
# MALMAISON

**Des mêmes auteurs dans la même collection**

**TENDRE VIOLETTE**

**Autres albums de SERVAIS**

**LA TCHALETTE**
Ed. du Lombard
**IRIACYNTHE**
Ed. Bédésup
**ISABELLE**
Ed. du Lombard

SERVAIS

# TENDRE VIOLETTE
# MALMAISON

DEWAMME

casterman

ISBN 2-203-33421-5
ISSN 0240-2815

# I. PHOTOS DE PRINTEMPS

BIN ÇA ALORS! ÇA FAIT DANS LES VINGT ANS... Y EN A J'VOUS JURE!...
C'EST ICI... AU TRAVAIL... LA LUMIÈRE VA ÊTRE JUSTE BONNE...
TROIS PLAQUES... ELLES DEVRAIENT ÊTRE RÉUSSIES...

J'EN CONNAIS UNE QUI VA ÊTRE SURPRISE... ET PUIS, J'ARRIVERAI POUR LE DÉJEUNER!
MAIS ÇA COLLE, CETTE COCHONNERIE!
HA! HA! HA!
VIOLETTE !...
TOI ALORS! PUIS-JE SAVOIR CE QUE ...
TOUT CE QUE TU VEUX, MON PRINCE... QUE FAIS-TU LÀ?...
ALORS, TU RACONTES?
NON, C'EST TROP LONG, J'ATTENDRAI D'ÊTRE DANS TON CHÂTEAU DEVANT UN DE CES PETITS PLATS... C'EST QUOI ÇA, QUI ME PARALYSE À MOITIÉ LA JOUE?
C'EST DE LA GLU, QUALITÉ VIOLETTE! JE BOUS MON HOUX MOI-MÊME, ET COMME JE POSAIS DES GLUAUX POUR LES CHARDONNERETS...

HÉ BIN !... DIS DONC, ÇA NE S'ARRANGE PAS TON PALACE ! ENFIN SI TA CUISINE EST TOUJOURS AUSSI BONNE, ON VERRA CE QU'ON PEUT FAIRE... C'EST PARFOIS UTILE UN TAILLEUR DE PIERRES !
C'EST UN GROS HÊTRE QUI EST TOMBÉ DESSUS CET HIVER !
À LA SOUPE... J'ÉCOUTE LE ROMAN DE MESSIRE BOURGUIGNON !
TU SAIS, FRANCHEMENT, ROMAN IL Y A !
QUAND JE T'AI QUITTÉE, J'AI ÉTÉ ME PROMENER EN ITALIE... DES VILLES SUPERBES, DES BÂTIMENTS MERVEILLEUX, HARMONIEUX, DE JOLIES FILLES... ET DE LA MISÈRE AUSSI ! POUR PASSER LE TEMPS, J'AI APPRIS LA BOXE, PUIS LA PHOTOGRAPHIE... RENTRÉ EN FRANCE, JE SUIS MONTÉ CHEZ MON ONCLE EN BOURGOGNE...
...C'EST LUI QUI M'A ÉLEVÉ PARCE QUE JE N'AI PAS CONNU MES PARENTS ! IL M'A EXPLIQUÉ QUE J'ÉTAIS ORIGINAIRE DE CE COIN-CI... ET COMME J'AVAIS ENVIE DE TE REVOIR ...
CHARMANT !... ET D'UNE PIERRE DEUX COUPS !
COMME TU DIS ! J'EN AI PROFITÉ POUR FAIRE DES PHOTOS DE L'ÉTANG DE MOHIMONT... C'EST SUPERBE AVEC CETTE ABBAYE...
TON PÈRE ET TA MÈRE ?
C'EST LÀ LE PLUS CURIEUX. ILS ONT DISPARU EN MÊME TEMPS... MAIS, PARAÎT-IL, LUI, C'ÉTAIT UN BON À RIEN D'IVROGNE, COUVERT DE DETTES...
MINCE ! AVEC DES RENSEIGNEMENTS AUSSI PRÉCIS, C'EST PAS DEMAIN QUE TU LES RETROUVERAS !...
J'AI PAS L'INTENTION DE RETOURNER LA PLANÈTE POUR QUELQU'UN DE SON GENRE... SI ON ALLAIT VOIR LES DÉGÂTS ?
À VOS ORDRES, MON PRINCE !

RIEN DE DRAMATIQUE ! TOUT EST LÀ, LES POUTRES N'ONT PAS TROP SOUFFERT... MAIS IL FAUDRA DE LA CHAUX, QUELQUES TUILES ET UNE CHARRETTE POUR TRANSPORTER LE TOUT
TU TROUVERAS TOUT ÇA À SENTENAY, PARCE QU'AU VILLAGE, J'AI PEU DE CHANCE QU'ON NOUS SERVE !
AU DODO, MAINTENANT ! ON S'OCCUPERA DU RESTE DEMAIN...
ENFIN UNE BONNE PAROLE, LES NUITS D'AVRIL NE SONT PAS TRÈS CHAUDES, SEULE...
LE LENDEMAIN MATIN...
ÇA N'Y FERA PAS DE MAL À MA CABANE, UN PETIT AIR DE NEUF ! MES COURANTS D'AIR ONT BIEN DROIT À LA RETRAITE...
VOILÀ, MADEMOISELLE ! 'FAUT UNE OU DEUX TOURS SUPPLÉMENTAIRES ?
UNE SUFFIRA SI ELLE EST GRANDE ! DIS, BOURGUIGNON, TU COMPTES RESTER LONGTEMPS ?...
ÇA DÉPEND... DE MOI, DE TOI... POURQUOI ? TU AS ENVIE DE ME DEMANDER MA MAIN ? JE TE VOIS MAL EN BLANC DEVANT LE MAIRE ET LE CURÉ !
EN BLANC, SUR L'AUTEL DU DIEU PHALLUS, LA VIERGE PRÊTE AU SACRIFICE, NON MERCI... MAIS ÇA N'EMPÊCHE PAS QUE TU RESTES !...
BIN ALORS, AU BOULOT, J'AIME LE CONFORT, LA CHALEUR ET LE LUXE !
FAIS À TON IDÉE !

SI ON ALLAIT CHEZ LA VIOLETTE, RIGOLER UN COUP!
L'IDÉE EST BONNE! ÇA FAIT UNE PAYE QU'ON NE L'A VUE! EN ROUTE!
MINCE, LA V'LÀ LOGÉE DANS UN CHÂTEAU! JE M'DEMANDE QUI ?..
OUAIS!... ÇA JE M'EN FOUS... MAIS J'ESPÈRE QUE ÇA NE VA PAS LUI CHANGER LES IDÉES, LES FILLES, DES FOIS, ÇA ATTRAPE DES GOÛTS DE LUXE!...
VIENS TRINQUER, MA BELLE!... ON VA INAUGURER LA MODERNISATION DE TA CAHUTE!...
BAS LES PATTES, VOUS DEUX!... LA CHASSE EST FERMÉE!
BON, ÇA N'FAIT RIEN, ON F'RA COMME TOI, ON BRACONNERA!
DES ENNUIS, VIOLETTE?
QUI C'EST CET ÉTRANGER-LÀ?..
QUELQU'UN QUI VOUS RÉDUIRA EN POUSSIÈRE SI VOUS NE DÉCAMPEZ PAS!
OUCH!
?!
RAMASSE TON COPAIN ET DÉGUERPIS OU JE ME FÂCHE POUR DE BON!
DOUCEMENT!... ON VOULAIT JUSTE RIGOLER!...
ÇA Y EST! LES SALADES RECOMMENCENT!...
PAS AVEC CEUX-LÀ! CE SONT DES GRANDES GUEULES, RIEN D'AUTRE!

Le compagnon n'a eu de cesse
Tant que le château de sa princesse
Recouvre enfin murs et toit...
Princesse, c'était pour l'amour de toi...
J'AURAI BESOIN D'UN GRAND MORCEAU D'ÉTOFFE NOIRE... UN PETIT TRAVAIL À FAIRE À L'ABRI DE LA LUMIÈRE DU JOUR...
ÇA DOIT SE TROUVER... J'AI EMBARQUÉ ÇA DE CHEZ LES RELIGIEUSES, UN JOUR...
SI TU VOULAIS BIEN ME PASSER TA LAMPE À PÉTROLE ET UNE LOQUE ROUGE...
ALORS, LE MYSTÉRIEUX!.. ÇA FAIT UNE BONNE HEURE QUE T'ES CLOÎTRÉ LÀ-DEDANS! JE PEUX VOIR? ...
NON, MAIS ATTENDS, J'AI PRESQUE FINI!..
JE N'Y COMPRENDS RIEN!.. J'AI TOUT VÉRIFIÉ SUR MES PLAQUES!...

TU NE M'AVAIS PAS PARLÉ DE TOUT CE MONDE !
JUSTEMENT, IL N'Y AVAIT PERSONNE, ÇA J'EN SUIS CERTAIN !
C'EST PIRE QU'UNE PROCESSION ! IL Y A BIEN UNE TRENTAINE DE BONS HOMMES LÀ-DESSUS... TU CROIS AUX FANTÔMES, TOI ?...
NE TE FOUS PAS DE MOI !
C'EST TOUT PRÈS ? TU RETROUVERAS L'ENDROIT ?
OUI, IL Y A LES TROIS AR-BRES MORTS ...
C'EST LÀ... DANS CETTE DIRECTION ! UN SEUL DÉTAIL M'A FRAPPÉ, C'EST L'ARRÊT SOUDAIN DU CHANT DES OISEAUX... ÇA ME REVIENT TOUT D'UN COUP !
MAIS C'EST TRÈS IMPORTANT ÇA !
ALLONS, JE LES AI EFFRAYÉS,...
NE FAIS PAS LE RAISON-NEUR, LES OISEAUX NE S'ARRÊTENT PAS COMME ÇA SANS UNE MEILLEURE RAISON...
TIENS, POMPE UN BON COUP, TU VAS EN AVOIR BESOIN POUR LA SUITE DES EXPLICATIONS !
C'EST REPARTI POUR UNE LÉGEN-DE BAROQUE QUI EFFRAYE LES POPULATIONS LOCALES !
PAUVRE INNOCENT ! TU SAIS, PARFOIS, T'AS DES RAISONNEMENTS DE POTARD ! TU ES VENU METTRE TES GRANDS PIEDS DANS UN ENDROIT QUE LES GENS DU COIN ÉVITENT SOIGNEUSE-MENT ! ...
...ON NE SAIT PAS POURQUOI, MAIS IL NE PLAÎT À PERSONNE !
JE NE SAIS PAS SI C'EST TON PINARD OU TON ÉLOQUENCE, MAIS ÇA ME TOURNE LES TRIPES...

ÇA TE LES TOURNERA BIEN DAVANTAGE SI TU REGARDES LES PHOTOS DANS CET ORDRE-CI !
OUI, ÉVIDEMMENT !
OUI ÉVIDEMMENT ! TU AS PHOTOGRAPHIÉ UNE HISTOIRE PAS TRÈS BELLE... JE VOUDRAIS SAVOIR QUAND... ET POURQUOI TOI !... JE SAURAI !...
9

# II. LA NAUSEE DU MUGUET

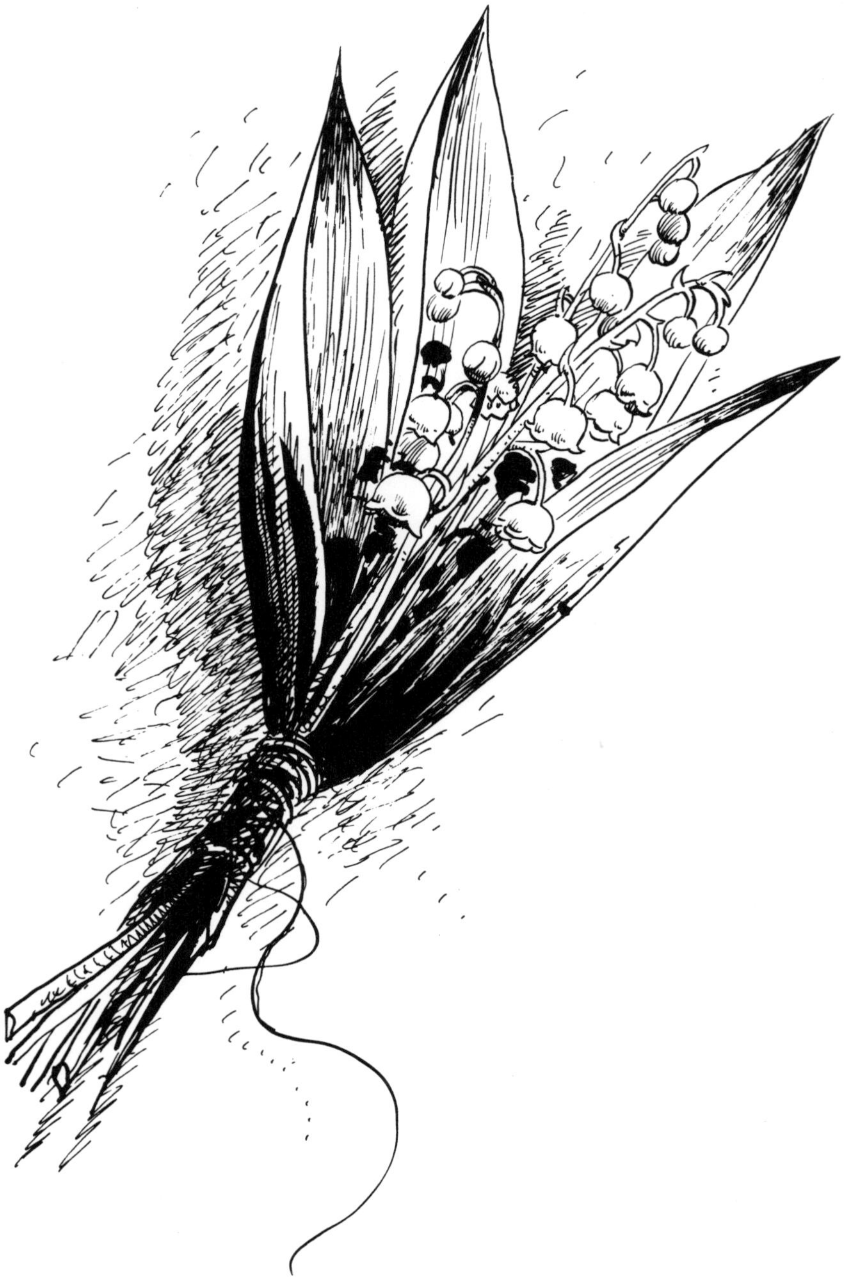

LE LENDEMAIN MATIN...
OUAAH ! UNE BONNE NUIT DE FAITE, ESPÉRONS QUE LA JOURNÉE LE SERA AUSSI !
ALORS, MARMOTTE ! TU FAIS DES HEURES SUPPLÉMENTAIRES ?
PAS FERMÉ L'OEIL DE LA NUIT ! CETTE DAMNÉE SÉRIE DE PHOTOS !
ON NE VA PAS REMETTRE ÇA SUR LE TAPIS !... AUJOURD'HUI, J'AI MIEUX À FAIRE !
C'EST LE MOMENT DU MUGUET ! GROUILLE-TOI, ÇA RAPPORTE GROS, MAIS IL Y A DE LA CONCURRENCE EN PAGAILLE !
J'Y VAIS PAS ! ...
BON MAIS, MOI, J'Y VAIS DE CE PAS ! NE M'ATTENDS PAS. JE COMPTE RATISSER LES BOIS DU COMTE ET LA "FOLIE" !
JE L'AURAIS CRU MOINS PAILLASSE QUE ÇA, MON GARS ...
AU BOULOT !

BON DIEU, MA TÊTE... ÇA TOURNE ! QU'EST-CE QUI...
BON DIEU, J'AI DU MAL TOMBER...
OUF, ÇA PASSE ...
EH BIEN, MA BELLE, ON A DES VAPEURS ?
'SAIS PAS ! C'EST LA PREMIÈRE FOIS QUE ÇA M'ARRIVE... MAIS C'EST PASSÉ !
C'QUE T'AS, MA BELLE, UNE FILLE L'ATTRAPE PLUS FACILEMENT QUE LE MILLION !
AH NON ! DIS PAS DE CONNERIES... AU FAIT LUCYE, COMMENT FRANCHIS-TU LA CLÔTURE AVEC TA CHÈVRE ?
ÇA... HÉ ! HÉ !... ÇA... ALLEZ, À UN DE CES JOURS...

IL EST VRAIMENT BEAU! IL RAPPORTERA GROS!.. MERDE, V'LÀ QUE ÇA ME REPREND...
PENDANT CE TEMPS...
OUI, MON GARS!.. À MONT-LÉON... M'EST AVIS QUE T'AURAIS BIEN UNE SURPRISE...
VIOLETTE, C'EST MOI! OUVRE LES YEUX, BON DIEU!
T'AS DE LA CHANCE QUE LA MÈRE LUCYE SOIT PRÉVOYANTE... MALGRÉ TOUS SES MYSTÈRES, ELLE NOUS A RENDU UN FIER SERVICE!
JE NE ME SOUVIENS PAS DE GRAND' CHOSE... JE FAISAIS DES BOUQUETS...
J'IRAI REVOIR LA LUCYE DEMAIN! ELLE A DES TISANES QUI ME RETAPERONT ET PUIS, J'AI DES EXPLICATIONS À LUI DEMANDER...
AH NON! C'EST SÉRIEUX! TU IRAS CHEZ UN MÉDECIN!

ÇA VA PAS, NON? TU NOUS TROUVES TROP RICHES OU QUOI? LA LUCYE VAUT N'IMPORTE QUEL TOUBIB ET ELLE SAIT Y FAIRE AVEC LES HERBES!
RIDICULE! LES MÉDECINS SONT DES SAVANTS, TANDIS QUE TA VIEILLE SORCIÈRE SAIT À PEINE ÉCRIRE SON NOM!
VRAIMENT, T'AS PRIS DE DRÔLES D'HABITUDES PENDANT TES VOYAGES. ENFIN, PUISQUE DEMAIN, JE VAIS À LA FOIRE DE MALMAISON VENDRE LE MUGUET, J'Y PASSERAI CHEZ TON DOCTEUR!
À LA BONNE HEURE! JE T'ACCOMPAGNERAI!
MERCI, PAPA! MAIS LE MÉDECIN, JE LE VERRAI SEULE! AVEC TOUTES TES IDÉES, TU ES CAPABLE DE LUI APPRENDRE SON MÉTIER!...
UNE GENTILLESSE DE PLUS, UNE!
LE LENDEMAIN À MALMAISON...
MUGUET, MUGUET TOUT FRAIS! ALLONS, M'SIEURS-DAMES!
T'ÉNERVE PAS, ON A LE TEMPS, TU VAS TE RENDRE MALADE!
J'VAIS FAIRE UN PETIT TOUR!
TRAÎNE PAS! JE TERMINE, ET JE VAIS CHEZ LE DOCTEUR.
À GAUCHE, DROIT DANS LE PETIT BOIS, ET T'Y ES, MON GARS!
MERCI!
13

LA PESTE DES MÂLES ET DE LEURS IDÉES À LA CON! CHEZ LE TOUBIB!... AU PRIX OÙ EST LE MUGUET!
À PROPOS DE MÂLES... EN VOILÀ UN QUI SAIT OÙ IL VA... À MOINS QU'IL NE LE CHERCHE!
TOC! TOC!
JE VOUDRAIS VOIR LE DOCTEUR ULRICH...
AU FOND DU COULOIR, À DROITE! SI MADEMOISELLE VEUT SE DONNER LA PEINE D'ATTENDRE, IL Y A QUELQUES PATIENTS QUI LA PRÉCÈDENT!

TIENS, CE S'RAIT PAS LA CATIN DES BOIS DE MANDRAIZIE QUI VIENT D'ENTRER ?...
...IL ME SEMBLE QUE J'AI RECONNU L'ODEUR !
ELLE A PEUT-ÊTRE FAIT DU BIEN AU NABOT DANS LE COULOIR, QUI SAIT ?
LES RAISINS SONT VERTS AUJOURD'HUI... ÇA DOIT ÊTRE LA COLIQUE QUI TRAVAILLE LE CRÂNE DE CES DEUX ÉPOUVANTAILS... C'EST RAPPORT À LEURS JULES QUI SE SONT FAIT JETER PAR LE MIEN !... HEUREUSEMENT, SINON ÇA LEUR AURAIT FAIT DES CORNES EN PLUS !
SALOPE ! MONTE-EN-L'AIR !
PUTAIN ! SANS LE SOU ! TRAÎNÉE... T'ES COMME LES CHIENS ! TU RESPECTES RIEN !
ÇA M'AURAIT ÉTONNÉ QUE LE RESTANT DU TROUPEAU AIT PU RESTER ASSIS SUR SA MÉCHANTE LANGUE !...
HA ! HA !
PUTAIN, FILLE DE RIEN !
SALOPE !
SORCIÈRE !...
CATIN !...
PETITE GARCE !
ALLONS, MESDAMES, JE VOUS PRIE... CETTE ATTITUDE... LE DOCTEUR...

ALORS, MOITIÉ D'HOMME, TU FAIS LA POLICE!
VA GUETTER À LA SORTIE DE LA MATERNELLE, T'EN TROUVERAS UNE À TA TAILLE!
HÉ, SI TOUT EST EN PROPORTION, ELLE NE S'AMUSERA GUÈRE, LA PAUVRETTE!
ASSEZ! VOUS FERIEZ GERBER UNE VIPÈRE! FAUT-IL QUE VOUS AYEZ LE COEUR VRAIMENT POURRI!
EH BIEN, THOMAS, EST-CE LÀ UN NOUVEAU JEU DE SOCIÉTÉ OU Y AURAIT-IL UNE RÉVOLUTION DANS MA SALLE D'ATTENTE?
CES DAMES ONT INSULTÉ CETTE DEMOISELLE QUI A EU UNE RÉACTION UN PEU VIVE, DOCTEUR...
VENEZ AVEC MOI, MADEMOISELLE! PUIS-JE PRIER LES AUTRES PATIENTES DE SE TENIR CALMES?...
VOILÀ! SÉPARONS LES FAUVES!
CALMEZ VOTRE AGRESSIVITÉ ET RACONTEZ-MOI CE QUI S'EST PASSÉ...
C'EST SIMPLE! ON NE PEUT PAS DIRE QUE JE SUIS LA COQUELUCHE DU PAYS, JE N'AI GUÈRE L'HABITUDE DE VOS SALONS, ET JE SUIS ICI UN PEU CONTRE MON GRÉ, ALORS...
MÉDICALEMENT PARLANT, POURQUOI ÊTES-VOUS ICI? QU'AVEZ-VOUS?
J'ESPÈRE QUE VOUS ALLEZ ME LE DIRE!... VOYEZ-VOUS, HIER, J'ÉTAIS AU BOIS ET...
16

BOURGUIGNON EST ARRIVÉ À L'ABBAYE DE MOHIMONT...
IL Y A BEAUCOUP DE MOINES ICI ?
DES MOINES ? UNE BONNE CENTAINE, ET TOUS DU BEAU MONDE ! DES RICHARDS, DES GENS INSTRUITS, LE GRATIN, QUOI ! AVEC ÇA, UNE VINGTAINE DE CONVERS, DE PAUVRES BOUGRES, PAS RICHES ASSEZ POUR LE GRADE DU DESSUS, ET QUI FONT LES BASSES BESOGNES...
CHEZ LE DOCTEUR...
COMME VOUS NE PORTEZ SANS DOUTE PAS DE CHEMISE, SOULEVEZ LÉGÈREMENT VOTRE BLOUSE...
ÇA FAIT MAL, LÀ ? ...
PAS TERRIBLE...
POURVU QUE...

VOUS AVEZ BESOIN DE REPOS ! MA CHÈRE, VOUS ÊTES ENCEINTE...
OH NON !
Merci, Merci ! ...
PASSEZ PAR CETTE PORTE, VOUS ÉVITEREZ AINSI LE TROUPEAU AUQUEL VOUS REFUSEZ D'APPARTENIR.
JE SUPPOSE QUE JE DOIS DIRE MERCI POUR TOUT !
THOMAS, VENEZ ICI, JE VOUS PRIE ...
DAMNÉ PETIT CAFARD ! QUE FAISAIS-TU DERRIÈRE CETTE PORTE ?...
TCH ! TCH !... TU ME FAIS DE LA PEINE, MONSIEUR LE DOCTEUR ! IL M'ARRIVE QUE C'EST LE PLUS BEAU JOUR DE MA VIE DE CHIEN FIDÈLE...
18

GÊNANT ÇA. J'Y AVAIS PENSÉ, MAIS AVEC PLUS DE PLAISIR! C'EST QU'IL EST DEVENU MOU, MON BONHOMME, SANS RESSORT DEPUIS LES PHOTOS... BAH ÇA PASSERA PEUT-ÊTRE...
ON DIRAIT QUE T'AS AVALÉ UN HÉRISSON! ET PUIS T'EN A MIS DU TEMPS!
Y AVAIT DU MONDE, ET DU BEAU. ET TOI, OÙ AS-TU ÉTÉ?
JE REVIENS DE MOHIMONT! J'AI TAILLÉ UNE BAVETTE À L'AUBERGE À CÔTÉ! BON, BOIS UN COUP ET EXPLIQUE TON CAS! QU'EST-CE QU'Y DIT LE TOUBIB?
C'EST TROIS FOIS RIEN! J'ATTENDS UN GOSSE...
ÇA N'A PAS L'AIR DE T'EMBALLER!
JE SAIS PAS...
JE CROIS QUE JE VAIS RESTER DANS LE COIN... VIENS ON RENTRE!
19.
SERVAIS/DEWAHHE - MARS '83

# III. TISANES

ALORS FILLETTE, LA CHASSE EST BONNE?
PAS MAL! QU'EST-CE QUE TU BRICOLES, TOI?
OH, RIEN! JE VÉRIFIE MES OUTILS!
TOI, TU ME CACHES QUELQUE CHOSE! TU TE SAUVES?
MAIS NON, GROSSE BÊTE, JE VAIS M'ENGAGER AU CHANTIER DE L'ABBAYE DE MOHIMONT... POUR QUELQUE TEMPS... GAGNER NOTRE CROÛTE, QUOI!
C'EST ÇA, MONSIEUR VA SURVEILLER LES FANTÔMES DU LAC DE L'ABBAYE... TU RÊVES OU QUOI?
MAIS NON! JE LOGERAI LÀ-BAS LA SEMAINE, JE SERAI ICI LE DIMANCHE. DEMAIN, TU M'APPORTERAS UN PEU DE CIVET DE TES DEUX VICTIMES, SI TU VEUX... C'EST PAS BIEN LOIN...
T'ES VACHE, TU SAIS! JE VAIS M'EMMERDER MOI, ICI, LA COMPAGNIE, ON S'Y HABITUE VITE...
DIS PAS DE BÊTISES! JE VEUX PAS VIVRE À TES CROCHETS! ET PUIS DIMANCHE N'EST PAS SI LOIN... EMBRASSE-MOI!
SALOPERIE DE SALOPERIE! ...
20

LE CONTRE-MAÎTRE EST LÀ, C'EST LUI QUI EMBAUCHE !
MERCI, CAMARADE !
MOUAIS ! TAILLEUR DE PIERRES... TOUR DE FRANCE... PONT DU GARD, ÇA VA ! TU TRAVAILLERAS À L'ÉQUIPE DE LA GRANDE TOUR ! IL Y A DU RETARD, L'HIVER A ÉTÉ DUR !
LA VUE SERA BELLE DE LÀ-HAUT ! IMPRENABLE, COMME ON DIT...
PENDANT CE TEMPS...
CETTE CHARMANTE ENFANT PORTE ADMIRABLEMENT SON NOM... VIOLETTE A POUSSÉ AU PLUS PROFOND DES BOIS...
A PROPOS DE COMPAGNIE, EN V'LÀ !
MES HOMMAGES, MADEMOISELLE !
BONJOUR, THOMAS ! QUEL BON VENT ?

MON MAÎTRE, LE DOCTEUR ULRICH, A RÉFLÉCHI À VOTRE CAS. IL A COMPULSÉ DE NOMBREUX OUVRAGES, ET IL REDOUTE DES COMPLICATIONS DE VOTRE ÉTAT...
JE NE COMPRENDS PAS... IL M'AVAIT DIT QUE...
PRÉCISÉMENT, PRÉCISÉMENT... IL A TROUVÉ SES PREMIÈRES CONCLUSIONS HÂTIVES... AUSSI PRÉFÈRE-T-IL PRÉVENIR TOUT ACCIDENT : IL VOUS ENVOIE CES TISANES ET POTIONS, AVEC LE MODE D'EMPLOI !
BIN C'EST GAI ! Y A ASSEZ POUR NOURRIR UN TROUPEAU DE CHÈVRES ! SI JE DOIS BOIRE TOUT ÇA, JE M'RELÈVERAI SOUVENT LA NUIT !
C'EST INDISPENSABLE, MADEMOISELLE VIOLETTE...
IL Y A AUTRE CHOSE, MADEMOISELLE...
À BOIRE OU À CHIQUER ?...
VOICI : JE VOULAIS VOUS REMERCIER POUR L'AUTRE JOUR ! C'EST LA PREMIÈRE FOIS QUE QUELQU'UN ME DÉFEND CONTRE LES RAILLERIES DES CHIPIES QUI FRÉQUENTENT...
MERCI, MAIS IL NE FALLAIT PAS... TOUT LE PLAISIR ÉTAIT POUR MOI... ON NE S'AIME PAS BEAUCOUP, ELLES ET MOI...
ÇA NE S'AMÉLIORE PAS LA TÊTE À LA VIOLETTE...
QU'EST-CE QUE TU FICHES AVEC CE CRAPAUD PUSTULEUX, DAMNÉE FOLLE ?... ÇA MANQUAIT À TA COLLECTION, UN NABOT ?
AH LUCYE, ÇA VA PAS RECOMMENCER ?
PTCH !

LAISSEZ, MADEMOISELLE VIOLETTE, J'AI L'HABITUDE... AH OUI ! J'OUBLIAIS... MON MAÎTRE SOUHAITE VOUS VOIR À LA FOIRE, CHAQUE FOIS... MAIS POUR ÉVITER LES RENCONTRES, SONNEZ À LA PORTE SUR LE CÔTÉ ! MERCI ET À BIENTÔT !...
MERCI POUR LES FLEURS, THOMAS. ET À BIENTÔT !
C'EST ÇA, DISPARAIS, PETITE VERMINE !
P'TCH !
QU'EST-CE QUE CETTE RÉDUCTION D'ORDURE TE VOULAIT ? IL N'A PAS RISQUÉ SA CHIGNOLE DANS LES MAUVAIS CHEMINS UNIQUEMENT POUR TE DIRE UN MOT ET T'APPORTER DES FLEURS ?... ALLONS, MA BELLE, VIDE TON SAC !
BOF, C'EST PLUTÔT PERSONNEL ET EN PLUS FORT COMPLIQUÉ...
PEUH ! PERSONNEL ET COMPLIQUÉ, J'EN SAIS PLUS DE LA MOITIÉ DE TES OIGNONS, MAIS JE NE COMPRENDS PAS CE QUE T'AS ÉTÉ FAIRE CHEZ LE CHARLATAN DE MALMAISON !
C'EST MON GARS QUI A VOULU... DE VOYAGER ÇA LUI A DONNÉ DES IDÉES...
T'APPELLES DES IDÉES DONNER UN LOUIS À UN FAUX-JETON POUR CE QUE JE SOIGNERAIS AVEC VINGT SOUS DE PLANTES...
À PROPOS DE PLANTES, LE THOMAS M'EN A APPORTÉ TOUT UN LOT !
TOUT UN LOT ! IL A DÛ TE DEMANDER UNE FORTUNE ?
BIN NON, RIEN DU TOUT !
ÇA, C'EST PAS NET ! D'ABORD, TOI T'ES BÂTIE COMME UNE BÊTE SAUVAGE... ALORS, TON PETIT, TU DEVRAIS LE FAIRE SANS PROBLÈME... ET PUIS, DONNER DES DROGUES GRATUITEMENT, C'EST PAS DANS LES HABITUDES DES TOUBIBS ! MONTRE-MOI UN PEU TOUT ÇA...
23

VOILÀ ! TOUT Y EST !
HMM !... DIGITALE... COLCHIQUE ...
ÇA, C'EST LE BOUQUET ! DE LA JUSQUIAME, MÉLANGÉE À DE LA CHICORÉE...
AH, ÇA MANQUAIT ! DES CHAMPIGNONS SÉCHÉS, DE LA RUE... SI TU PRENDS TOUT ÇA, MA BELLE...
QUOI SI JE PRENDS TOUT ÇA ? ILS NE VONT PAS M'EMPOISONNER, TOUT DE MÊME !
TAIS-TOI, T'ES PLUS BÊTE QUE MA CHÈVRE. JE NE SUIS PAS BIEN SAVANTE, MAIS LES PLANTES ÇA ME CONNAÎT ! ET CELLES-LÀ, JE N'EN DONNERAIS PAS À UN CHRÉTIEN !
ÇA VA ÊTRE L'HEURE DE LA SOUPE, LUCYE... TU MANGES AVEC MOI ?
NON MERCI, JE M'EN VAS ! J'AI ENCORE DE LA ROUTE ! TIENS, VIENS DONC DEMAIN SOIR CHEZ MOI ! ON SERA PLUSIEURS À LA VEILLÉE...
BAH TOUT ÇA, C'EST PAS PROUVÉ... LA VIEILLE EST PROBABLEMENT JALOUSE DES TOUBIBS ...
BON, C'EST PAS TOUT ÇA 'FAUT VOIR DANS QUEL SENS UTILISER CE FOURRAGE !
24

LÀ-BAS, AU PIED DE LA TOUR, IL TAILLE DES PIERRES ENTRE DEUX QUESTIONS...
VOUS M'ÉTONNEZ, TIENS! MERCI...
ON M'A DIT QUE JE TROUVERAIS ICI L'INSPECTEUR BOURGUIGNON DÉGUISÉ EN TAILLEUR DE PIERRES...
SALUT! COMMENT VA?
ALORS, TU M'APPORTES LE CIVET?
ENTRE AUTRES... VOIR COMMENT TU VAS, COMMENT L'ENQUÊTE PROGRESSE...
NE RIS PAS! J'AI PEUT-ÊTRE UNE EXPLICATION! ASSIEDS-TOI, C'EST LA PAUSE...
DAME! AVEC TOUTES TES QUESTIONS!
VOIS-TU, J'AI RENCONTRÉ UN GARS QUE JE CONNAISSAIS. C'EST LUI QUE JE REMPLACE - IL M'A EXPLIQUÉ QUE DE TOUT TEMPS CET ENDROIT A ÉTÉ UN LIEU DE CULTE... LES DRUIDES, PUIS AVANT LA PREMIÈRE ABBAYE, UNE COMMANDERIE DE TEMPLIERS... C'EST PARCE QUE LES ONDES TELLURIQUES SONT TRÈS FORTES...
C'EST QUOI, ÇA?
DES GENS PRÉTENDENT QUE LA TERRE VIT ET QU'ELLE ENVOIE DES VIBRATIONS. CES VIBRATIONS DEVIENNENT BONNES QUAND ON EST PUR, MAUVAISES SI ON L'EST AUSSI... ALORS, JE ME DEMANDE SI CE NE SONT PAS CES ONDES QUI ONT TRAVAILLÉ SUR MES CLICHÉS...

BOUH! C'EST COMPLIQUÉ TOUT ÇA! SOMME TOUTE, C'EST COMME LES GENS QUI ONT LA CUITE TRISTE OU GAIE!
ARRÊTE! JE TROUVE QU'ON PARLE TROP DE MA SANTÉ DEPUIS DEUX JOURS. LE DOMESTIQUE DU DOCTEUR, TU SAIS, LE NAIN, M'A AMENÉ UNE CHARRETÉE DE TISANES HIER! C'EST MOINS BON QUE L'PINARD, JE TE LE JURE!...
À PROPOS DE CUITE, BOIS PAS DE TROP, ÇA NE DOIT PAS ÊTRE TROP BON POUR LE PETIT!
TIENS, C'EST LUI QUE J'AURAI RENCONTRÉ EN VENANT... DRÔLE DE PORTRAIT!
DITES! ÇA VA DURER LONGTEMPS! LA PAUSE EST FINIE DEPUIS UN BON QUART D'HEURE!
BIEN CHEF! ON Y VA!...
LÂCHEZ LES CHIENS, ON RAMÈNE LE TROUPEAU! TIENS, JE T'AI PAS DIT, JE VAIS À LA SOIRÉE CHEZ LA MÈRE LUCYE! ALLEZ BON VENT, JE T'ATTENDS DIMANCHE...
PAS À DIRE, JE DEVRAIS VOYAGER, ÇA REND INSTRUIT... BON, POUR L'INSTANT, FAUT FAIRE LE PLEIN DE PINARD ET DE FROMAGE...
MALMAIS
PORTE DE BOURGOGNE
OUAIS! DANS TROIS SEMAINES, REBELOTE! RE-POTIONS, RE-TISANES, RE-THOMAS, RE...
26

HUE COCOTTE, SINON TU SERAS EN RETARD CHEZ LA LUCYE...
COÏNCIDENCE POUR COÏNCIDENCE, ON PARLE BEAUCOUP DE MOINES... AU FAIT...
VU LES GENS QUE JE VERRAI CE SOIR, JE CROIS QU'ON PARLERA DE PHOTOGRAPHIES
NON, DANS UN AUTRE ORDRE, ÇA N'A PLUS DE SENS ! BAH, EN ROUTE, ON VERRA !
27

ENTRE, MA BELLE, ON N'ATTEND PLUS QUE TOI !
BONSOIR, M'SIEURS-DAMES...
VOILÀ ! SI LE COEUR VOUS EN DIT ...
FALLAIT PAS !... J'AI DE QUOI...

IL Y A AUTRE CHOSE DANS TA BESACE, VIOLETTE... QUELQUE CHOSE QUI FAIT PEUR À EPHRAÏM...
SHH!
JUSTEMENT, J'AI DES TRUCS À VOUS DEMANDER POUR DES PHOTOGRAPHIES QUE MON GARS A PRISES PRÈS DE L'ÉTANG DE MOHIMONT! ON NE COMPREND PAS...
VOILÀ! C'EST CES TROIS IMAGES QUI...
JAMAIS VU UNE OSCILLATION PAREILLE! C'EST MALÉFIQUE... APPROCHE-TOI, VIOLETTE!
29
TU VOIS, VIOLETTE! IL Y A UN RAPPORT TRÈS CLAIR ENTRE TOI ET LES CLICHÉS! POURQUOI? LE SAIS-TU?...
BIN NON, MAIS JE VOUDRAIS BIEN!...

IL Y A PEUT-ÊTRE MOYEN DE SAVOIR ! FORMEZ LA CHAÎNE DES DOIGTS...
MOI, ANTHELME, TE CONJURE, ESPRIT DE MON PÈRE, DE NOUS ÉCLAIRER !... MONTRE-NOUS LE CHEMIN DES HEURS DE VIOLETTE !
VOUS POUVEZ ROMPRE LE CERCLE, L'ESPRIT EST LÀ !
MAIS, LA TABLE N'A PAS BOUGÉ !
SILENCE, INCRÉDULE ! TU VAS CHASSER L'ESPRIT... IL Y A D'AUTRES MOYENS !

KRAK!
EH BIEN, PÈRE ANTHÈLME ?...
MOI ANTHELME, PROPHÉTISE CECI : LE MALHEUR S'ABATTRA SUR TON UNION PARCE QUE LE SANG BOIT LE SANG !...
ÇA NE M'AVANCE GUÈRE... MERCI QUAND MÊME ! JE FILE ! J'AI UN BON BOUT DE CHEMIN JUSQU'À MANDRAIZIÉ...
31
ME V'LÀ BIEN LOTIE ! UN QUI RADOTE AVEC LES VIBRATIONS DE LA TERRE, L'AUTRE QUI ME CHANTE QUE LE SANG BOIRA LE SANG...

# IV. LE SAINT DES SAINTS

LE SAMEDI SOIR...
AH! V'LÀ LE FACTEUR!
ALORS, MON VIEUX, ILS NE T'ONT PAS SUIVI, AU MOINS? NON! T'ES UN BON TOUTOU...
IL EST LOURD... LES AFFAIRES SERONT BONNES...
VIENS CHERCHER TA RÉCOMPENSE, TU L'AS BIEN GAGNÉE!...
WAH! WAH! WAH!...
QUOI?!... QUI VA LÀ?
CHARMANT ACCUEIL POUR LE HÉROS FOURBU QUI RENTRE DU TRAVAIL!...
QUI C'EST CE CITOYEN-LÀ?
PAIX SULTAN, PAIX, C'EST UN AMI...
WAH! WAH!
C'EST UNE BONNE BÊTE, ET UTILE AVEC ÇA... ELLE RAPPORTE GROS ET À PEU DE FRAIS...
EXPLIQUE-TOI...

C'EST TRÈS SIMPLE... TOUT EST BASÉ SUR LE PRINCIPE QU'UN CHIEN COURT PLUS VITE QU'UN DOUANIER... ALORS, IL NOUS RAPPORTE DU SEL, DU TABAC, DES JEUX DE CARTES... ET AU RETOUR, ON LE CHARGE D'ALCOOL... MAIS SON PATRON EST SOUPÇONNÉ PAR MESSIEURS LES GABELOUS, CE QUI FAIT...
CE QUI FAIT QUE TU RECÈLES, JUSQU'À ÉCOULEMENT, LA MARCHANDISE DU CABOT, ET CE, POUR UN PETIT POURCENTAGE...
BEAUCOUP DE RISQUES ET D'ENNUIS POUR PAS GRAND'CHOSE !
PLUS QUE TU NE CROIS, MON PRINCE ! JE PARIE MÊME QUE ÇA RAPPORTE PLUS QUE DE TAPER SUR DES CAILLOUX !...
TU VERRAS: DEMAIN À LA SORTIE DE LA MESSE... LE TABAC VA PARTIR COMME DES PETITS PAINS. ALLEZ, À TABLE !
...MAIS, C'EST DU ROMAN TON HISTOIRE DE PLAQUE DE CHEMINÉE... ILS T'AURONT HYPNOTISÉE OU QUELQUE CHOSE DU GENRE... C'EST DE LA FOLIE FURIEUSE...
DIS-MOI, QUI A HYPNOTISÉ TON APPAREIL PHOTOGRAPHIQUE QUAND TU AS FAIT LES TROIS PHOTOS ?... PARCE QU'ELLES ONT UN RAPPORT DIRECT AVEC MON VENTRE...
PAYS D'ARRIÉRÉS !
T'EN VIENS ET T'Y ES REVENU !...
AU FAIT, BOURGUIGNON, TU NE M'AS JAMAIS DIT TON NOM...
ÉRIC BÉRANGER... POURQUOI ?
OH, POUR L'INSTANT, POUR RIEN, MAIS IL ARRIVERA UN JOUR OÙ IL FAUDRA SAVOIR...
OUI, ÉVIDEMMENT, ÉVIDEMMENT...
33

ALORS, MERDE, TU LANCES OU NON ?...
SOIS PAS PRESSÉ DE PERDRE !
SALUT LA COMPAGNIE !
M'SIEURS-DAMES !
ON PEUT PAS SE PLAINDRE ...
IL TRAVAILLE BIEN, LE SULTAN !
VOILÀ ! J'ARRONDIS À DEUX CENTS... TIENS, BUVEZ UN COUP À MA SANTÉ !
DEUX CENTS ! J'AI ENCORE LES JEUX DE CARTES ET LE SEL...
J'ADMETS, C'EST RENTABLE MAIS JE VOUDRAIS QUE TU ARRÊTES !...
TU RADOTES OU QUOI ? J'EN VIS !...
MINUTE ! D'UN, JE GAGNE LARGEMENT DE QUOI ! DE DEUX, DEPUIS QUE TU TRAFIQUES, BRACONNES ET JOUES LES VENDEUSES DE QUATRE-SAISONS, TU DOIS AVOIR AMASSÉ UN SACRÉ MAGOT ! ...
JUSTEMENT, L'ÉCONOMIE, C'EST PAS MON FORT ! ALORS JE VIS AU JOUR LE JOUR...
MOI NON PLUS, L'ÉCONOMIE, JE NE CONNAIS GUÈRE, MAIS J'AI JAMAIS EU AUTANT DE FRIC QUE TOI... ALORS ON FERA GAFFE, MAINTENANT... JE NE VEUX PLUS QUE TU T'EXPOSES... ALLEZ, ON RENTRE ! ...
LÀ MON LOUP, COMPTE DESSUS ET BOIS DE L'EAU CLAIRE !
AÏE ! SAUVAGE !
34

T'AS PLUS ÉTÉ MALADE DEPUIS LE MUGUET ?... C'EST QUE LA TISANE DU TOUBIB AVAIT DU BON !...
AVAIT : C'EST LE MOT ! J'EN PRENDS PLUS, C'EST TROP DÉGUEULASSE !...
AH NON ! ÇA VA PAS RECOMMENCER ! TES TISANES, TU VAS LES PRENDRE, ET SANS RECHIGNER... ÇA VA PAS T'EMPOISONNER, TOUT DE MÊME !...
ÉCOUTE, TU ES VACHE ! JE PEUX PLUS RIEN FAIRE, JE DOIS PRENDRE DES PURGES, TOUT ÇA PARCE QUE JE PORTE LE FILS DE MONSIEUR BOURGUIGNON BÉRANGER, CAR, BIEN SÛR, CE SERA UN FILS...
TU ES MÉCHANTE, VIOLETTE ! C'EST LA PREMIÈRE FOIS QUE JE TE VOIS COMME ÇA...
TU M'AVAIS PEUT-ÊTRE MAL VUE AVANT... BON !... JE REPRENDRAI TES TISANES...
À SAMEDI !
SOIS SAGE ET SOIGNE-TOI BIEN !
35

TIENS ! ÇA FAIT QUAND MÊME BEAUCOUP DE COÏNCIDENCES... JE DESCENDS !
INTERDIT aux PERSONNES ÉTRANGÈRES À L'ABBAYE.
BAH ! ON VERRA BIEN !

ATTENTION ! DES VOIX...
LA RÉSERVE DE DIGITALE S'ÉPUISE ET IL EST ENCORE UN PEU TÔT POUR ...
CE N'EST PAS GRAVE, MAIS LE COLCHIQUE ÇA, IL M'EN FAUT !
BIZARRE, POUR UN MOINE ...
VOUS L'AUREZ VOTRE COLCHIQUE, C'EST PROMIS POUR LA FIN DE LA SEMAINE...
ALLONS, IL EST TEMPS DE PARTIR ...
QUE FAITES-VOUS LÀ ? IL EST INTERDIT DE ...
JE HEU ...
37

VOUS AVEZ COMMIS UNE FAUTE GRAVE. DANS UNE HEURE, QUAND VOUS AUREZ RASSEMBLÉ VOS OUTILS, NOUS VOUS RÉGLERONS VOTRE DÛ ET VOUS PARTIREZ !
MAIS, CET HOMME ...
ALLEZ !
BIN MERDE, ME V'LÀ CONGÉDIÉ, ET PROPREMENT ENCORE ! TOUT DE MÊME BIZARRE CE CONVERS ! ON LE DIRAIT DÉGUISÉ, EMPRUNTÉ, PAS NATUREL DU TOUT...
TU FINIRAS PAR AVOIR DES BRICOLES AVEC LE CONTREMAÎTRE, À T'ABSENTER COMME ÇA !...
ÇA PEUT PAS ÊTRE PIRE ! JE SUIS VIRÉ POUR AVOIR OSÉ PÉNÉTRER DANS LE SAINT DES SAINTS... JE VOULAIS VOIR LA TÊTE DU TOUBIB ET DE SON DOMESTIQUE...
UN DRÔLE DE COUPLE, CES DEUX-LÀ ! ON LES VOIT SOUVENT DANS LE COIN... JE ME DEMANDE CHAQUE FOIS LEQUEL EST LE DOMESTIQUE DE L'AUTRE...
TIENS ! ...
BAH ! C'EST PAS TOUT ÇA ! BON VENT, VIEUX FRÈRE. MOI, JE VAIS ME FAIRE PAYER !...
ADIEU, CAMARADE !
38

LÀ, MON GROS MINET, C'EST MOI QUI T'ATTRAPE!
SHH!
EH BIEN, GARÇON?
LA SEMAINE N'A PAS ÉTÉ BIEN LONGUE! DIX HEURES À PEINE! T'AVAIS SOIF? T'ES MALADE? JE TE MANQUAIS?
NON! JE SUIS VIRÉ! J'AI MIS LES PIEDS HORS DES LIMITES !...
TU AS DES DOUTES, QUE TU ESPIONNES LES GENS?
NON, Y'A PAS DE RAISON MAIS JE TROUVE QU'ON LES VOIT UN PEU SOUVENT... ET PUIS IL Y A LE CONVERS... IL M'INTRIGUE!...
ÇA PORTE CHANCE, CES PLANTES-LÀ! EN ATTENDANT, T'AS EFFRAYÉ MON CHAT ...
AU DIABLE TA BESTIOLE! ET LA SANTÉ ?...
ÇA VA, ÇA VA... LES ENNUIS SONT PASSÉS! ET LA SEMAINE PROCHAINE, REBELOTE CHEZ LE TOUBIB...
TANT MIEUX, ON SERA FIXÉ AINSI!
39

LES MOIS S'ÉCOULENT...

J'EN AI MARRE, MARRE, MARRE! TU TE RENDS PAS COMPTE!... RETOURNÉE CHAQUE MOIS SOUS TOUTES LES COUTURES, THOMAS QUI M'ÉPIE AVEC SES BÊTES GROS YEUX, DES TISANES À N'EN PLUS FINIR... MARRE, BOURGUIGNON, MARRE!
ALLONS, UN PEU DE PATIENCE! DEUX MOIS, C'EST VITE PASSÉ... ET PUIS PENSE ...
OUAIS! LES JOIES DE LA MATERNITÉ... EN ATTENDANT, JE NE PEUX PLUS ME PENCHER! POUR LES CÈPES, C'EST GAI! EN TOUT CAS, C'EST TOI QUI LES VENDRAS AU MARCHÉ!
BON, TU IRAS CHEZ LE TOUBIB! JE FERAI TON BOULOT PENDANT CE TEMPS-LÀ! ...
C'EST BEAU, C'EST VRAIMENT BEAU!
C'EST BEAU, MAIS ÇA ANNONCE L'HIVER...
ALORS, LE FRÈRE! QU'EST-CE QUI SE CUEILLE?
DES PLANTES, MA SOEUR, DE SIMPLES PLANTES!
HÉ, MAIS C'EST MON HOMME! C'EST LUI QUI CUEILLE...
POUR LE TOUBIB... J'AURAIS DEVINÉ, MERCI ...
POUR LA DIGITALE, ESSAYEZ DONC LÀ-BAS... ELLE EST PLUS GRASSE...
NON PAS LÀ! L'ENDROIT EST MAUDIT ON NE PEUT PLUS...
41

# V. GENESE

T'AURAS PAS CHAUD POUR VENDRE LES CHAMPIGNONS, MON PAUVRE ... JE TE RETROUVE APRÈS LE TOUBIB... TU SAIS OÙ ?...
OK CHEF ! À TOUT À L'HEURE !
FORT BIEN, FORT BIEN ...
DITES, DOCTEUR, IL ME SEMBLE QU'IL REMUE BIEN PEU ! ON M'A DIT...
LAISSEZ DIRE ! IL REMUE TOUT DE MÊME !
NON LAISSEZ ! POUR VOTRE DERNIÈRE VISITE... IL SE PEUT QUE L'ACCOUCHEMENT SOIT UN PEU PÉNIBLE... AUSSI PRÉFÉRERAIS-JE LE SUPERVISER MOI-MÊME !... D'ICI UN PETIT MOIS, VOUS VIENDREZ VOUS INSTALLER ICI ! LE BÉBÉ EST MAL TOURNÉ, VOYEZ-VOUS !
C'EST QUE JE DOIS EN PARLER À QUELQU'UN AUPARAVANT ...
42

AU FAIT, QUEL EST LE NOM DU PÈRE? J'EN AI BESOIN POUR LES FORMALITÉS...
ÉRIC BÉRANGER !...
NON, HA! HA! HA! C'EST LA MEILLEURE! HA! HA! HA!...
TU AS ENTENDU ?
OUI, MAIS VOS PETITES JOUISSANCES NE M'INTÉRESSENT PAS!... VOUS SAVEZ CE QUE JE VEUX!
ALORS, ÇA S'EST BIEN VENDU ?
FACILE! TOUT EST PARTI... ÇA M'ÉTONNE MÊME
POURQUOI?
TOUS CES GENS NE VONT PAS AU BOIS? ILS POURRAIENT LES CUEILLIR EUX-MÊMES...
AH NON! QUAND ILS VONT AU BOIS C'EST POUR TRAVAILLER OU POUR CHASSER... LES CHAMPIGNONS SONT INDIGNES DE CES MESSIEURS-DAMES! OU BIEN ILS NE LES CONNAISSENT PAS!...
BAH, AU FOND, ÇA ARRANGE BIEN TES AFFAIRES, NON ?
43
TIENS, MÈRE LUCYE! C'EST LES DERNIÈRES SORTIES DE BIQUETTE ?
HÉ OUI, L'HERBE SE FAIT RARE...

HÉ! HÉ! L'HERBE SE FAIT RARE, L'HIVER SERA EN AVANCE... IL NE SERA PAS LE SEUL D'AILLEURS !...
CE QUI VEUT DIRE?
QUE TON GOSSE SERA UN PRÉMATURÉ, QUE JE LUI DONNE QUINZE JOURS AU PLUS POUR DÉBARQUER !...
LE MÉDECIN A DIT UN MOIS !...
TON MÉDECIN, JE N'EN VOUDRAIS PAS POUR SOIGNER MA CHÈVRE... Y DOIT ÊTRE AUSSI MAUVAIS QUE SES TISANES !
ALLONS, MÈRE LUCYE, DU CALME... J'AI DÉJÀ TOUTES LES PEINES DU MONDE À CONVAINCRE VIOLETTE DE SUIVRE SES CONSEILS ...
BIN, MON GARS, JE T'FÉLICITE PAS! T'AS TOUT DU PIGEON, Y COMPRIS LES VOYAGES ET LES ROUCOULADES !...
MÈRE LUCYE, JE VOUDRAIS QUE CE SOIT TOI QUI LE METTES AU MONDE! TU VIENDRAS?
SI TU M'APPELLES, OUI!... MAIS NE ME FAIS PAS FAIRE LE CHEMIN TROIS FOIS POUR RIEN!
VIEILLE TOUPIE!... TARDIGRADE !
C'EST ÇA!... ALLONS, VIENS, MON PIGEON!

...MAIS TU ES FOLLE ! TU PEUX ALLER POUR RIEN CHEZ LE DOCTEUR ET TU T'ENTÊTES À ACCOUCHER ICI !
OUI ! ET TU PEUX GUEULER, RIEN N'Y FERA !
TOQUÉE, ARCHITOQUÉE ! J'EXIGE QUE TU FILES CHEZ LE TOUBIB DÈS QUE TU RESSENTIRAS QUELQUE CHOSE !
NON ! JE SUIS ICI CHEZ MOI ! C'EST ICI QUE ÇA SE PASSERA ! SI T'ES PAS D'ACCORD, JE TE RETIENS PAS... C'EST MON VENTRE, TOUT DE MÊME !...
BON, BON, T'EXCITE PAS !.. UNE TEMPÊTE DANS UN VERRE D'EAU... ON N'EN PARLE PLUS !
AÏE !... ÇA NE VA RIEN AMÉLIORER ÇA !... REGARDE ...
45
ELLE A SOUVENT RAISON, LA LUCYE, TU NE TROUVES PAS ?... ON VERRA SI SEUL L'HIVER EST EN AVANCE !

LE LENDEMAIN MATIN...
ON N'A PAS LÉSINÉ SUR LA QUANTITÉ... À CROIRE QU'ELLE EST GRATUITE, CETTE SALOPERIE !...
VIENS VOIR CE QUI EST TOMBÉ !
NON, JE PEUX PAS !... JE NE ME SENS PAS BIEN... ÇA GROUILLE PARTOUT LÀ-DEDANS... ET PUIS JE VOIS D'ICI !...
TU VEUX QUE J'AILLE CHERCHER LE MÉDECIN ?...
PARCE QUE TU CROIS QU'IL VIENDRA AVEC TOUTE CETTE NEIGE ? ET PUIS CE N'EST PAS LÀ QUE ÇA FAIT MAL... PRÉPARE-MOI PLUTÔT UN GROG !
EH BIEN, ÇA NE VA PAS MIEUX ? TU VEUX QUELQUE CHOSE ?
C'EST BIEN PIRE !... ÇA... ÇA DÉCHIRE !...
AVEC OU SANS TA PERMISSION, JE VAIS CHERCHER LE...
LA LUCYE, BOURGUIGNON, PAS LE TOUBIB !
DAMNÉE TÊTE DE BOIS ! ÇA NE VA PAS ÊTRE DE LA TARTE POUR RAMENER LA VIEILLE SORCIÈRE !

MÈRE LUCYE ! OUVREZ VITE ! ... C'EST BOURGUIGNON !
ENTRE MON GARS JE T'ATTENDAIS... TU AS MÊME FAIT VITE...
VOUS M'ATTENDIEZ ? COMMENT ? ...
TIENS, BOIS UN COUP ! TA BELLE M'A TOUJOURS INTÉRESSÉE, VOIS-TU ! ALORS JE L'AI OBSERVÉE, DIRONS-NOUS, DE LOIN... J'AI ICI UN LAMBEAU D'UNE DE SES JUPES ET AUSSI UNE PELOTE DE CHEVEUX QUI M'EXPLIQUENT BEAUCOUP DE CHOSES...
ET POURQUOI CET INTÉRÊT ?
PARCE QUE C'EST UN ÊTRE D'EXCEPTION, ELLE A UN INSTINCT ET UNE INTUITION DE BÊTE SAUVAGE... J'AI SOUVENT ESSAYÉ DE L'ATTIRER DANS NOTRE PETITE SOCIÉTÉ, MAIS ELLE EST TROP INDÉPENDANTE !...
JE SUIS BIEN PLACÉ POUR LA CONNAÎTRE, SON INDÉPENDANCE !
SANS VOULOIR TE VEXER, TOI, JE TE PRENDS PLUTÔT POUR UN BALOURD RAISONNABLE... TU N'ADMETS QUE CE QUE TU PEUX VÉRIFIER ! ALLEZ, TU VOIS, J'AVAIS TOUT PRÉPARÉ. LA PREUVE QUE JE TE MENS PAS... ON SORT !
47

C'EST PAS LE BON CHEMIN! ON TOURNE LE DOS À MANDRAIZIE!
ON NE SERA PAS TROP DE DEUX D'APRÈS CE QUE JE SAIS!... Y ME FAUT DE L'AIDE!
DESCENDS, MARTHE, IL EST TEMPS!...
TOUT EST PRÊT, J'ATTENDAIS...
DÉCIDÉMENT, TOUT LE MONDE SEMBLE AU COURANT!
HÉ! HÉ! MARTHE ET MOI SOMMES TRÈS LIÉES...
HÉ! Y VEUT NOUS FAIRE CREVER, TON JEUNOT!...
BAH! IL A LES MOLLETS PLUS VIFS QUE LA CERVELLE!
PAS DOMMAGE! J'AI BIEN CRU QUE LA NEIGE ALLAIT ME SERVIR DE CERCUEIL!
MAIS NON! JE T'VOIS MAL ENTERRÉE DANS QUELQUE CHOSE DE BLANC!
ÇA VA MIEUX?
DIS DONC PAS DE BÊTISES, BOURGUIGNON, TU VOIS BIEN QUE NON!
48

ALLONS, MA BELLE, DU CRAN! C'EST UN MAUVAIS MOMENT À PASSER... LA MÈRE MARTHE EST VENUE M'AIDER... TU SAIS, ELLE S'Y CONNAIT COMME PAS UNE...
MERCI, LUCYE ...
T'ES ADROIT DE TES MAINS QU'Y PARAIT... ALORS, TROUVE-MOI DES LOQUES, DES DRAPS ET DIVISE LA CHAMBRE EN DEUX! TU N'AS RIEN À VOIR DE CE QUI SE PASSE ICI...
TOUT DE MÊME, C'EST MON...
FAIS CE QU'ON TE DEMANDE, JE T'EN PRIE, BOURGUIGNON...
SI JE SUIS DE TROP, VOUS GÊNEZ PAS, DITES-LE!
MAIS NON! AVEC LA SÉPARATION, TU NE SERAS PAS DE TROP... BON, MARTHE, NOUS AVONS À FAIRE AUSSI!
MON GARS, QUAND T'AURAS FINI, T'IRAS ME RECHERCHER DU BOIS...
LA NUIT SERA LONGUE: IL EN A ENCORE BIEN POUR DEUX HEURES!
POUR MOI, IL SERA LÀ VERS MINUIT ...
VOILÀ, TOUT EST PRÊT! FAUT ATTENDRE QU'IL SE DÉCIDE, MAINTENANT ...
QU'ON SE SENT BÊTE ET INUTILE, DANS CES CAS-LÀ!

AAARGH!
C'EST BIEN LA PREMIÈRE FOIS QUE J'EN VOIS UN QUI NE CRIE PAS... ET POURTANT IL VIT !...
OUAIS... MAIS COMMENT ? EN ATTENDANT, JE VAIS VOIR LE JOLI COEUR À CÔTÉ !...
C'EST UN GARÇON !...
AH ! ET VIOLETTE ?...
ELLE A BEAUCOUP SOUFFERT ?
VIOLETTE ? PAS BIEN BELLE ! ELLE EST VIDÉE... ELLE RÉCUPÈRE, ELLE N'EST PAS À ELLE...

OUI, MAIS GUÈRE À CÔTÉ DE CE QUI VOUS ATTEND, ELLE ET TOI... TU DEVRAIS PARFOIS ÉCOUTER LES GRANDS, MON PETIT...
POURQUOI? LE GOSSE N'EST PAS...
IL EST VIVANT, ET SI TU VEUX QUE ÇA CONTINUE, IL FAUDRA SANS DOUTE CHERCHER UNE NOURRICE...MAIS À PART ÇA, IL EST PLUTÔT CHÉTIF, FORT BOSSU ET BIEN LAID...
BON DIEU!... C'EST PAS VRAI!...
JE VEUX VOIR!
VIOLETTE, JE...
VIENS, MON GARS, ELLE T'ENTEND PAS...
MAIS COMMENT? ET... POURQUOI?...
PERSONNE N'EST COMME ÇA DANS LA FAMILLE... JE COMPRENDS PAS!...
TOUT PETIT, LAID ET BOSSU, ÇA NE TE RAPPELLE RIEN, INNOCENT!...
POURQUOI LES RENDEZ-VOUS TOUS LES MOIS? POURQUOI LES TISANES? J'AVAIS AVERTI VIOLETTE TOI, TU N'AS RIEN VOULU ENTENDRE... MAINTENANT, LES EXPLICATIONS PROFONDES, C'EST TOI QUI IRAS LES CHERCHER À MALMAISON CHEZ LE MÉDECIN!...

# VI. THOMAS

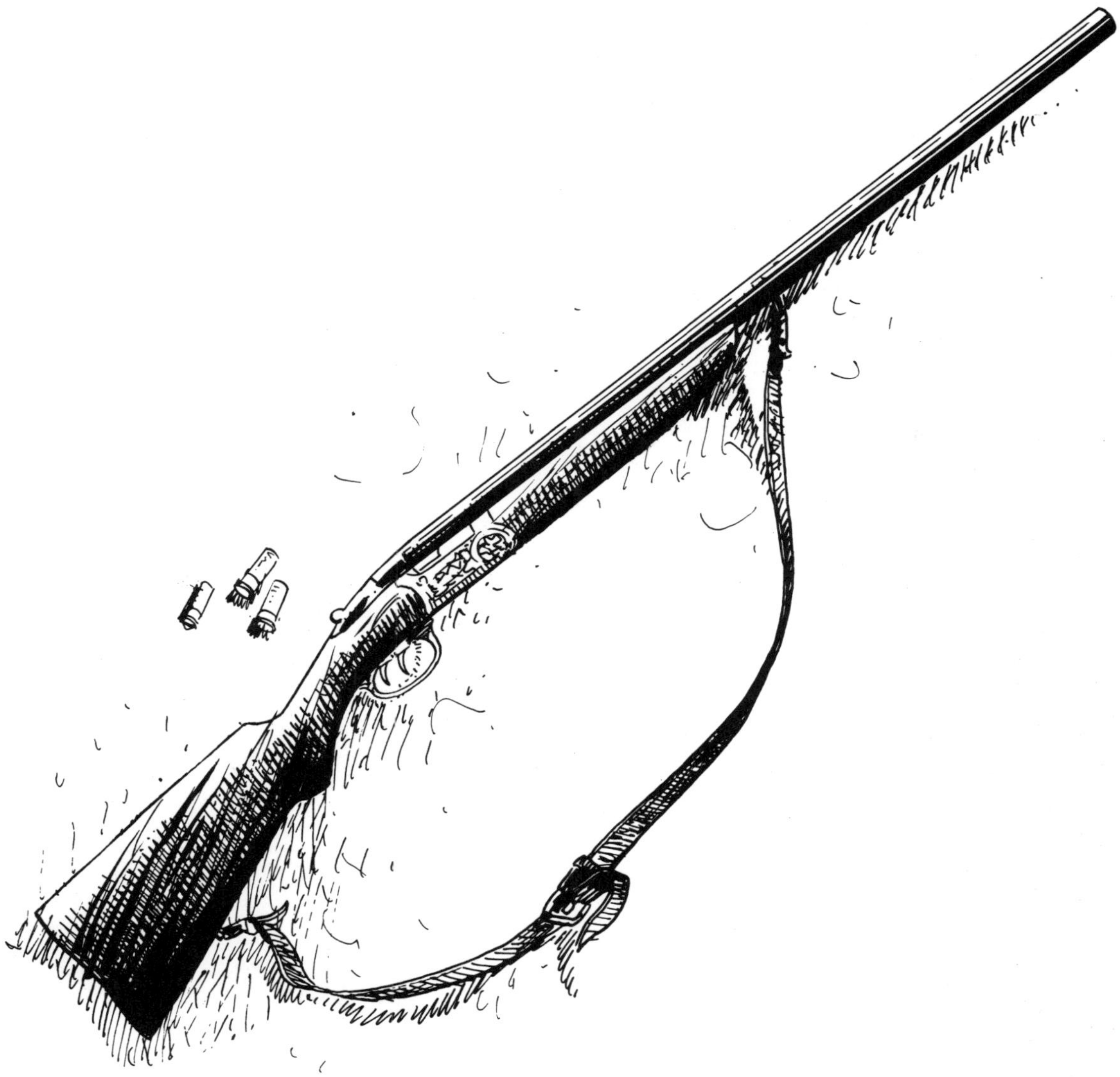

BON, REPÉRER UNE PORTE DE SERVICE !...
POK
PAF
53

TIENS, MONSIEUR BÉRANGER, JE PRÉSUME ?... BAISSEZ DONC CE FUSIL ET EXPLIQUEZ-MOI LE BUT DE VOTRE VISITE... QUOIQUE JE PENSE LE DEVINER !
PAS DE BONIMENTS ! JE VOUS PRÉVIENS : JE VAIS TIRER !
MAIS NON, VOUS N'EN FEREZ RIEN, PARCE QUE VOUS AVEZ DES DOUTES... ALLONS, ENTREZ DANS MON BUREAU, JE VAIS ÉCLAIRER VOTRE LANTERNE... MAIS VOUS NE POURREZ RIEN PROUVER...
QUAND BIEN MÊME !...
VOYEZ-VOUS, J'AI EU UNE VIE TRÈS BIZARRE, MONSIEUR BÉRANGER, ET LA VUE D'UN FUSIL NE M'EFFRAYE NULLEMENT !... JE SUPPOSE, DE PLUS, AU VU DE VOTRE ÉQUIPEMENT, ET DE L'HEURE AVANCÉE À LAQUELLE VOUS ME RENDEZ VISITE, QU'IL Y A EU CHEZ VOUS UN ÉVÉNEMENT QUI AURAIT DÛ ÊTRE HEUREUX... CONJUGUANT CES RENSEIGNEMENTS, JE CONCLUS QUE VOUS ÊTES VENU M'ABATTRE PARCE QUE VOUS ME CONSIDÉREZ COMME RESPONSABLE DE L'ASPECT DE VOTRE ENFANT...
C'EST MONSTRUEUSEMENT EXACT !
54
BIEN ! CECI POSÉ, LAISSEZ-MOI VOUS EXPLIQUER LES TENANTS ET ABOUTISSANTS DE CETTE LONGUE HISTOIRE, VOUS JUGEREZ ENSUITE. CIGARE ?...
JE SUIS PAS VENU À CAPOUE, DOCTEUR...

MA VIE A COMMENCÉ PAR UN ASSASSINAT, UN CRIME MALHEUREUX, PRESQU'ACCIDENTEL... J'ÉTAIS JEUNE ET J'AIMAIS D'ÉGAL AMOUR LES JOLIES FEMMES ET LA RECHERCHE MÉDICALE...
...LA PLUS JOLIE FILLE DE MALMAISON, HÉLAS MARIÉE À UN DÉBILE ALCOOLIQUE, ME TENTAIT...
...CE FUT FACILE! SON MARI COUVERT DE DETTES ME LA VENDAIT RÉGULIÈREMENT... LA PAUVRE SUBISSAIT CES TRANSACTIONS AVEC UN DÉGOÛT CROISSANT!...
C'EST À CE MOMENT-LÀ QUE J'AURAIS DÛ ME MÉFIER... ELLE MENAÇAIT DE FAIRE ÉCLATER UN SCANDALE!
...J'AI ÉTÉ PRIS DE PANIQUE...
...AVEC LA COMPLICITÉ DU MARI DONT J'AVAIS GRAISSÉ LA PATTE, NOUS JETÂMES LA MALHEUREUSE DANS L'ÉTANG DE L'ABBAYE DE MOHIMONT...
...LA JUSTICE, COMME D'HABITUDE, BAFOUILLA ET CONCLUT À UN ACCIDENT! LE MARI FUT PRIS EN CHARGE PAR LES MOINES... IL EN A PRESQUE PERDU LA TÊTE
55
MOI, JE ME CROYAIS TRANQUILLE... LAS! MON CALVAIRE NE FAISAIT QUE COMMENCER!
HÉ OUI! IL RESTAIT UN TROISIÈME TÉMOIN, DE PETITE TAILLE, N'EST-CE PAS, DOCTEUR!

COMMENT DIABLE SAVEZ-VOUS ?
ALLONS, C'EST IMPOSSIBLE ! LA PHOTOGRAPHIE ÉTAIT INCONNUE...
À MOINS D'UNE PEU PROBABLE RECONSTITUTION, IL S'AGIT LÀ D'UN MYSTÈRE DIGNE D'INTÉRÊT !.. VOYONS, OÙ ?.. QUI ?.. QUAND ?.. COMMENT ?..
MOI, VOICI QUELQUES MOIS... PRÈS DE L'ABBAYE !... COMMENT ? LÀ, LES EXPLICATIONS MANQUENT ...
SCIENTIFIQUEMENT PRODIGIEUX, JURIDIQUEMENT NUL !..
VOUS N'IREZ PAS LOIN AVEC ÇA, MONSIEUR BÉRANGER !..
LA JUSTICE NE SERA PAS NÉCESSAIRE, JE TIENS LA SOLUTION ENTRE MES MAINS !
MAIS NON, MON GARÇON !... POUR AJOUTER DU PIMENT À NOTRE CONVERSATION, JE PRÉCISE QUE VOUS ÊTES DANS LA MIRE DE THOMAS DEPUIS ASSEZ LONGTEMPS. DE PLUS, JE VOUS SIGNALE QUE MON COMPLICE, CELUI QUI ME VENDAIT CETTE FILLE, S'APPELLE LUCIEN BÉRANGER... QU'IL EST CONVERS HERBORISTE DE L'ABBAYE ET QU'IL ME FOURNIT LES PLANTES DONT J'AI BESOIN... C'EST DONC GRÂCE À LUI QUE J'AI PU ABÎMER LE FOETUS ISSU DE VOS AMOURS...
LE SANG BOIRA LE SANG !... C'ÉTAIT LIMPIDE !... MON PÈRE TUANT SON PETIT-FILS !...
MAIS POURQUOI ? POURQUOI AVOIR DÉFORMÉ L'ENFANT ? DANS QUEL BUT ? RÉPONDS, SALAUD !

56

SOIT! MON DOMESTIQUE, NABOT DE SON ÉTAT, DEPUIS LE MEURTRE ME SOUTIRE DE L'ARGENT ET ME FAIT PLIER À SES QUATRE VOLONTÉS... CETTE IMPUISSANTE PETITE VIPÈRE M'A FORCÉ D'USER DE MA SCIENCE POUR DÉFORMER VOTRE ENFANT...
C'EST, SOMME TOUTE, TRÈS COMMODE! VOUS ÊTES INNOCENT ET LUI COUPABLE... UN PEU SIMPLISTE ...
PANG
CLINC
VITE! À CETTE HEURE-CI, ÇA DOIT ÊTRE AUTRE CHOSE QU'UN CHASSEUR DE HIBOU...
MERDE!
UN PEU BRUYANTS, VOS COUPS DE FEU, JEUNE HOMME!
MAIS, JE N'AI RIEN FAIT, MOI! ...
ALORS, POURQUOI FUIR AVEC CE FUSIL?
57

IL N'A PAS BU GRAND-CHOSE, MAIS C'EST TOUJOURS ÇA DE PRIS... JE LE REMETS DORMIR...
DU DIABLE SI CE GOSSE-LÀ FAIT DE VIEUX OS!
BONSOIR, MESDAMES! N'EMPORTEZ PAS MON HÉRITIER, JE VOUS PRIE! JE M'EN CHARGERAI...
MAIS TU ES CINGLÉ? T'AS PAS IDÉE?
ALLONS LUCYE! ON SE HAIT TOUS LES DEUX, MAIS ON NE SE SOUS-ESTIME PAS... NE ME DIS PAS QUE TU N'AS PAS COMPRIS LA PREMIÈRE FOIS QUE TU M'AS VU ICI, CHEZ VIOLETTE...
OH, JE SAVAIS QUE TOI ET TON CHARLATAN DE PATRON MANIGANCIEZ UNE COCHONNERIE... MAIS JE N'AI PAS ÉTÉ AUSSI LOIN!...
FAUT-Y QU'IL SOIT FOU-PERDU POUR EN RÊVER DE PAREILLES!

T'AS PRESQUE UNE TÊTE D'HOMME, T'AS UN CORPS DE GOSSE, MAIS T'AS LE COEUR ET LE CERVEAU D'UNE ARAIGNÉE!
DOUCEMENT, LA VIEILLE! UN MALHEUR EST VITE ARRIVÉ...
ASSEZ PALABRÉ! TOI MARTHE, VA DONNER À BOIRE AU CHEVAL DEHORS... TOI, LUCYE, ENVELOPPE LE PETIT CHAUDEMENT! PRESSONS...
ALLONS, MIEUX VAUT OBÉIR, CE PETIT MONSTRE EST CAPABLE DE TOUT...
DOUCEMENT, PRENDS-EN SOIN! CET ENFANT EST UNIQUE AU MONDE...
DOMMAGE, ELLE EST SUPERBE ET GENTILLE... MAIS ELLE NE VOUDRAIT PAS... ET PUIS, LES FEMMES, C'EST TOUJOURS ENNUIS ET COMPAGNIE!
MESDAMES, MERCI DE VOTRE DILIGENCE... À PROPOS, DITES À SA MÈRE QU'IL EST EN BONNES MAINS... DITES-LUI AUSSI DE NE PAS SE TRACASSER POUR SON NIGAUD D'AMOUREUX: IL SERA EN RETARD...
BONSOIR LA COMPAGNIE... VOUS N'ÊTES, BIEN SÛR, PAS CAPABLES DE ME SUIVRE!... SI VOUS ESSAYIEZ QUAND MÊME, VOS PEINES SERAIENT PAYÉES DE PLOMB!
CLAC!
DAMNÉE VERMINE! AVEC ÇA, QU'ON NE SAIT MÊME PAS OÙ IL VA!
ON NE SAIT PAS OÙ IL VA, MAIS IL N'IRA PAS LOIN!

TU T'APPELLERAS THOMASSET, PETIT THOMAS...
...TU VOIS, THOMASSET, J'AI TOUJOURS AIMÉ LES GOSSES... J'EN VOULAIS UN À TOUT PRIX, MAIS LA NATURE NE M'A PAS GÂTÉ...
...J'EN DEVENAIS FOU, C'ÉTAIT UNE VÉRITABLE OBSESSION: JE FAISAIS DES PROJETS DE RAPT, D'ADOPTION...
...HEUREUSEMENT, CE LONG TUNNEL DE SOUFFRANCES AVAIT UNE FIN : AU COURANT DES TURPITUDES DE MON PATRON, JE POUVAIS LE FAIRE CHANTER À MA GUISE... QUAND J'AI VU TA MAMAN, J'AI SU QUE LE GRAND MOMENT ÉTAIT ENFIN LÀ...
J'AI OBLIGÉ LE DOCTEUR À USER DE SA SCIENCE POUR TE DONNER UNE HÉRÉDITÉ QUE JE NE POUVAIS TE LÉGUER AUTREMENT !... TU ES BOSSU ET PETIT COMME MOI, MON FILS...
C'EST UNE FILLE FORMIDABLE, TA MÈRE... PLEINE DE QUALITÉS DE COEUR...
60

...TU AURAS UNE GRANDE MAISON, AVEC DES DOMESTIQUES QUI TE GAVERONT DE BONNES CHOSES: DES FRIANDISES, DU CHOCOLAT... DE GROS GÂTEAUX, DES FRUITS RARES... TOUT ÇA GRÂCE À L'OR DU BON DOCTEUR...
...À TOI, THOMASSET, LES MEILLEURS MAÎTRES, LES GRANDES ÉCOLES, LES VOYAGES!... NOUS VERRONS LE MONDE ENSEMBLE... LES BATEAUX...
...DANS QUELQUES HEURES, NOUS PRENDRONS LE TRAIN VERS LA GRANDE VILLE, OÙ PERSONNE NE NOUS CONNAÎT! PAS DE RAILLERIES VILLAGEOISES, PAS DE DISCRIMINATION... MAIS LE RESPECT, LES COUPS DE CHAPEAU DEVANT TON OR ET TON SAVOIR...
REMARQUABLE, TON IDÉE, MARTHE! JE VOUDRAIS L'AVOIR EUE! ...
BAH! C'ÉTAIT FACILE! IL SUFFISAIT D'ARRACHER QUELQUES CRINS... CET IDIOT DE THOMAS M'A DONNÉ L'OCCASION...
CONCENTRE-TOI, MARTHE!... IL NE FAUT QU'UN COUP, TRÈS SEC!...
VAS-Y! JE LE SENS...
KRAK

61

COURAGE, PETIT, COURAGE, LE VILLAGE N'EST PAS LOIN! ...LA DERNIÈRE ÉTAPE AVANT...
LÀ REGARDE! UNE LIGNE DE LUMIÈRES! LE VILLAGE, LE VILLAGE...
NON, THOMASSET! PAS MAINTE-NANT! ...

BOURGUIGNON! BOURGUIGNON!...
NE T'ÉNERVE PAS, MA BELLE! TU ES TROP FAIBLE ENCORE. TON CHÉRI VA RENTRER BIENTÔT: IL EST SORTI...
ET MON GOSSE?
ÇA, ÇA VA ÊTRE PLUS LONG À T'EXPLIQUER ...
...APRÈS LES EXPLICATIONS DU MÉDECIN, CE N'ÉTAIT PAS DIFFICILE À DEVINER QU'IL VIENDRAIT ICI... LES GENDARMES, SUR LE MOMENT, N'ONT RIEN VOULU ENTENDRE... ET VIOLETTE ?...
LA LUCYE LA MET AU COURANT. TOUT DOUCEMENT ...
VA LA VOIR, MON GARS ET SURTOUT, PAS DE REMORDS TARDIFS...
C'EST UN PEU TARD, EN EFFET ...

...OUI, J'ALLAIS LE TUER... QUELQU'UN D'AUTRE S'EN EST CHARGÉ: THOMAS, AVEC LE REVOLVER DONT IL S'EST SERVI POUR ENLEVER LE GOSSE. PUIS LES FLICS SONT VENUS. ILS ONT EU DU MAL À DIGÉRER MON HISTOIRE. QUAND ILS ONT COMPRIS QUE JE N'AVAIS PAS TIRÉ, ILS SE SONT MIS EN ROUTE VERS L'ABBAYE POUR INTERROGER MA POURRITURE DE PÈRE...
QUI A NIÉ, JE SUPPOSE...
NON, C'EST LA SEULE BONNE NOUVELLE DANS TOUT CE CAUCHEMAR: QUAND LES FLICS SONT ARRIVÉS, IL S'ÉTAIT PENDU DANS SON DORTOIR, LE DOCTEUR LUI AVAIT EXPLIQUÉ... D'AILLEURS TOUTE L'ABBAYE ÉTAIT EN EFFERVESCENCE...
PARDON, VIOLETTE!...
MAIS NON, BOURGUIGNON, TU AS CRU BIEN FAIRE MAIS...
ON PEUT ENCORE ESSAYER... IL Y AURA D'AUTRES ENFANTS, D'AUTRES...
NON, BOURGUIGNON: LE VASE EST CASSÉ ET JE N'AI PAS ENVIE DE JOUER À RECOLLER LES MORCEAUX.
ON SE REVERRA PEUT-ÊTRE UN JOUR?...
PAS SI JE T'APERÇOIS LA PREMIÈRE! C'EST TROP TARD...
64

65
PAYS DE MERDE !...

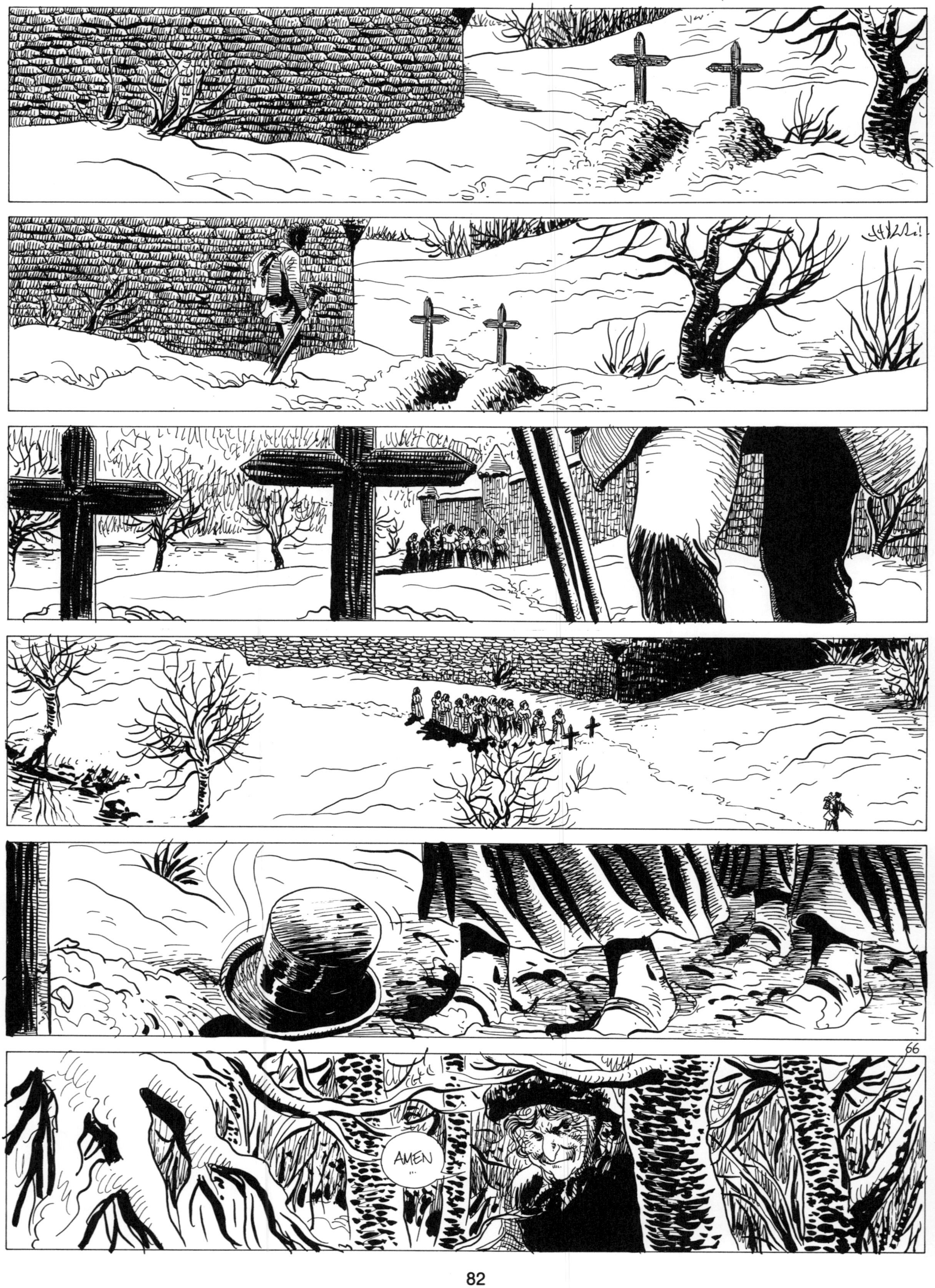
66
AMEN
...

FIN

# aujourd'hui le roman s'écrit aussi en bandes dessinées.

**les romans (A SUIVRE)**

Imprimé en Belgique par Casterman, s.a., Tournai, décembre 1984. N° édit.-impr. 1733.
Dépôt légal : septembre 1984 : D. 1984/0053/133.